レンジでかんたん、体ととのう

スープの冷凍ストック&アレンジ

髙山かづえ

JN103792

マイナビ

6種類の
冷凍スープストックから広がる
アレンジスープを楽しもう

「なんだか野菜不足に感じる」「忙しく何品も作る余裕がない」「体が
冷えがちで胃腸の調子がよくない」…そんな悩み、結構ありますよね。
　疲れて帰った日の簡単なスープが、1品で十分においしく、野菜も
とれて、明日へのエネルギーに繋がったらいいな、とこの本を作りま
した。
　素材の旨味をしっかり引き出すので、だしをとる必要はなく、いつも
使う小さな鍋で作れるので、大鍋をひっぱり出す必要もなし、冷凍し
ておけるので、毎日同じものを食べなくても大丈夫。
　材料を入れて煮るだけの本当にシンプルなものから、少し時間が
かかるものもありますが、おいしさと簡単さを大切にした6種類の
スープストックを、気が向いたときに作りおきしておけば、自家製の
冷凍スープストックの完成です。
　旬のフルーツを使ったデザートスープを冷凍庫にストックしておけば、
毎日の小さな幸せに繋がるはず。
　冷凍スープストックが、みなさまの胃と心を満たし、さらに忙しい日々
の助けになってくれることを願っています。

髙山かづえ

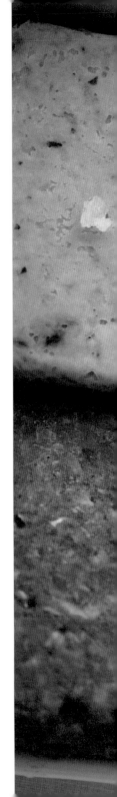

冷凍スープストックの作り方

スープストックを作ったら、1食分ずつ冷凍しましょう。
保存容器は200㎖ぐらいのサイズが目安です。

1

保存容器に入れる

スープストックを作ったらよく冷まし、¼量ずつ分けて保存容器、または器に入れる。

* 保存容器のほか、耐熱性のあるガラス容器や器に入れて冷凍してもOK。

2

冷凍庫に入れる

保存容器に蓋をして、器にはラップをかけて、冷凍庫に入れて一晩以上冷凍する。

3

容器から移す

スープストックがしっかりと凍っ
たら、室温に5分おくか、容器裏
に湯をあてて軽く溶かして容器か
ら外す。

＊あらかじめラップを敷いておき、その上に
冷凍されたスープストックをのせて。

4

ラップで包む

1個ずつラップでぴっちりと包み、
冷凍庫のにおいが移らないように
冷凍用保存袋に入れる。

冷凍
スープストック
の完成！

冷凍スープストックの食べ方

冷凍スープストックができたら、あとは食べるときにレンチンをするだけ！
基本のやり方をおさえて、さっそく作ってみましょう。

1

2

電子レンジ加熱
〈 1回目 〉

耐熱容器に冷凍のままのスープストック1食分をラップをはずして入れ、ラップをかけ、電子レンジで2分加熱する。

＊耐熱容器は300㎖ぐらいのものが目安。
＊スープストックが冷蔵保存の場合は、電子レンジで1分加熱する。

液体や具材を加える

一度取り出し、レシピに沿って液体を加え、全体を混ぜ合わせる。

＊具材をプラスするときは、このタイミングで。

point

液体や具材を変えれば
いろんなスープが楽しめる！

おすすめの液体はレシピ内に提案していますが、水や牛乳、豆乳やトマトジュースなどでお好みのものに変えてもOKです。具材も、冷蔵庫の端っこ野菜などを入れたりしても◎。

3 4

電子レンジ加熱
〈 2回目 〉

ふんわりとラップをかけ、電子レ
ンジで2分加熱する。

仕上げる

全体を混ぜ合わせる。加熱が足り
なければ、再度ふんわりとラップ
をかけ、30秒ずつ様子を見ながら
加熱を繰り返す。

＊薬味やオイルなど仕上げに加えるものは、
このタイミングで。

contents

chapter 1
野菜と煮干しだしのスープ

chapter 2
ブイヤベース風のスープ

冷凍スープストックを楽しむため

この本では、6種類の冷凍スープストックの作り方とバラエティ豊かな食べ方を紹介しています。具材や調味料をプラスして楽しめるアレンジレシピも豊富ですので、ぜひ、いろいろ作って、楽しく食べてみてください。

1

〈 旨味スープの素(1)〜(6) 〉

スープストックを作って冷凍する

まずは、(1)〜(6)の中でお好みのスープストックを作って冷凍してみましょう。基本の冷凍スープストックの作り方(p4-5)を参考にしてみてください。

2

電子レンジ加熱で
いろいろアレンジして楽しむ

冷凍スープストックができたら、まずは、基本のスープから。その後は、手軽な食材や主食をプラスしたり、料理に活用したりしてみましょう。基本のスープストックの食べ方(p6-7)を参考に。

〈 基本のスープ 〉 ＋ 食材や主食をプラス

〈 包丁いらず 〉

包丁とまな板を使わなくても、そのまま加えて電子レンジ加熱するだけでOKのアレンジレシピ。

〈 ボリューム満点 〉

主食や食べ応えのある具材を加えて、電子レンジ加熱するだけのメイン級のスープレシピ。

〈 ちょっと贅沢 〉

スープとしてだけでなく、炊き込みごはんやメイン料理などに応用できるリッチなレシピ。

○スープストックの材料は4食分を、アレンジは1人分、または2人分を基本にしています。
○スープストックはすべて冷凍した状態で使用しています。
○保存期間の目安は冷凍の場合1ヶ月、冷蔵の場合4〜5日です。
○計量単位は大さじ1＝15㎖、小さじ1＝5㎖としています。
○電子レンジは600Wを基本としています。500Wの場合は加熱時間を1.2倍、700Wの場合は0.8倍の加熱時間にしてください。また、電子レンジは機種により性能に差があるため、表記の加熱時間、温度を目安に調整してください。
○「少々」は小さじ⅙未満を、「適量」はちょうどよい量を入れることを示します。
○保存期間は目安です。冷蔵・冷凍庫内の冷気の循環状態、開け閉めする頻度などにより、おいしく食べられる期間に差が出る可能性があります。
○保存の際には、食品の粗熱をしっかりととり、清潔な箸や容器を使ってください。

chapter 1

野菜と
煮干しだしのスープ

野菜と煮干しだしのスープストック

野菜の旨味と、煮干しだしの風味がギュッと凝縮されたスープです。
和風にも洋風にもバリエーションを広げられるように、
調味料は塩で味をととのえるだけ！

材料［4食分／出来上がり量500g］

煮干し … 10g

キャベツ … 100g

玉ねぎ … ½個

ミニトマト … 8個

にんにく … ½かけ

塩 … 小さじ1

水 … 300mℓ

作り方

1 煮干しは頭と腹ワタを取るⓐ。

2 キャベツと玉ねぎは1cm四方に切り、ミニトマトはヘタをとる。にんにくは潰すⓑ。

3 小鍋に1、2、水を入れ、中火にかけるⓒ。煮立ったらアクをすくって弱火にし、少しずらして蓋をして10分煮たら、塩を加える。

4 4等分に分けて保存容器に入れⓓ、冷めたら冷凍庫に入れる。

ごはんにもパンにも合う！
スープで栄養バランスをアップ

基本のスープ

野菜と煮干しだしのスープ

作り方 [1人分]

1 耐熱ボウルに野菜と煮干しだしのスー
  プストック（p12）1食分を入れてラップ
  をかけ、電子レンジで2分加熱する。

2 一度取り出し、水100㎖を加えて混ぜ
  合わせ、再度ラップをかけ、電子レン
  ジで2分加熱する。

3 全体を混ぜ合わせる。

スナップえんどうの
プチプチ感が楽しい

〈 包丁いらず 〉 ＋スナップえんどう・オリーブ油

スナップえんどうと野菜のスープ

材料［1人分］

野菜と煮干しだしのスープストック
　（p12）… 1食分
水 … 100㎖
スナップえんどう（半分に開く）… 4本分
オリーブ油 … 小さじ½

作り方

1　耐熱ボウルにスープストックを入れてラップ
　をかけ、電子レンジで2分加熱する。
2　一度取り出し、水、スナップえんどうを
　加えて混ぜ、再度ラップをかけ、電子
　レンジで3分加熱する。
3　全体を混ぜ合わせ、オリーブ油を回し
　かける。

わかめの食物繊維で
腹持ちアップ！

〈 包丁いらず 〉 ＋カットわかめ

野菜と煮干しのわかめスープ

材料［1人分］

野菜と煮干しだしの
　　スープストック（p12）… 1食分
水 … 100㎖
カットわかめ（乾燥）… 小さじ1

作り方

1 耐熱ボウルにスープストックを入れてラップをかけ、電子レンジで2分加熱する。
2 一度取り出し、水、カットわかめを加えて混ぜ、再度ラップをかけ、電子レンジで2分加熱する。
3 全体を混ぜ合わせる。

〈 包丁いらず 〉 ＋豆乳・豆腐・酢

豆乳豆腐スープ

材料［1人分］

野菜と煮干しだしの
　　スープストック（p12）… 1食分
豆乳（成分無調整）… 100㎖
絹ごし豆腐 … ¼丁（75g）
酢 … 小さじ½

作り方

1　耐熱ボウルにスープストックを入れてラッ
　　プをかけ、電子レンジで2分加熱する。
2　一度取り出し、豆乳、スプーンで大きめ
　　にすくった豆腐を加えて混ぜ、再度ラッ
　　プをかけ、電子レンジで3分30秒加熱
　　する。
3　全体を混ぜ合わせ、酢を加える。

酢の力で豆乳が、時間とともに固まっていく

海藻の具材に
煮干しだしの相性抜群！

〈 包丁いらず 〉 ＋もずく・しょうが

もずくと煮干しのスープ

材料［1人分］

野菜と煮干しだしの
　　スープストック（p12）… 1食分
水 … 100㎖
もずく … 30g
しょうが（すりおろす）… 少々

作り方

1 耐熱ボウルにスープストックを入れてラップをかけ、電子レンジで2分加熱する。

2 一度取り出し、水、もずくを加えて混ぜ、再度ラップをかけ、電子レンジで2分30秒加熱する。

3 全体を混ぜ合わせ、しょうがをのせる。

鶏ささみの旨味が効いた
やさしい味わい

野菜と煮干しだしのスープストック

〈 ボリューム満点 〉 ＋ごはん・鶏ささみ

ささみと野菜雑炊

材料［1人分］

野菜と煮干しだしの
　　スープストック（p12）… 1食分
水 … 100mℓ
温かいごはん … 80g
鶏ささみ（冷凍／p100）… 50g
七味唐辛子 … 少々

作り方

1　耐熱ボウルにスープストックを入れてラッ
　　プをかけ、電子レンジで2分加熱する。
2　一度取り出し、水、温かいごはん、鶏
　　ささみを加えて混ぜ合わせ、再度ラップ
　　をかけ、電子レンジで3分加熱する。
3　全体を混ぜ合わせ、七味唐辛子をふる。

〈 ボリューム満点 〉 ＋むきえび・クレソン・レモン

えびとクレソンのスープ

材料［1人分］

野菜と煮干しだしの
　　スープストック（p12）… 1食分
水 … 100㎖
むきえび（冷凍／ p100）… 3尾（50g）
ナンプラー … 小さじ1
クレソン（刻む）… ¼束分（10g）
粗びき黒こしょう … 少々
レモン（くし形切り）… 1切れ

作り方

1 耐熱ボウルにスープストックを入れてラップをかけ、電子レンジで2分加熱する。

2 一度取り出し、水、むきえび、ナンプラーを加えて混ぜ合わせ、再度ラップをかけ、電子レンジで3分加熱する。

3 クレソンを加えて全体を混ぜ合わせ、粗びき黒こしょうをふり、レモンを添える。

餃子の野菜スープ

材料［1人分］

野菜と煮干しだしの
　　スープストック（p12）… 1食分
水 … 100㎖
餃子（冷凍／市販）… 3個
しいたけ（薄切り）… 1個分
酢 … 小さじ2
こしょう … 少々
長ねぎ（小口切り）… 少々
ラー油 … 小さじ½

作り方

1　耐熱ボウルにスープストックを入れてラップをかけ、電子レンジで2分加熱する。

2　一度取り出し、水、餃子、しいたけを加えて混ぜ合わせ、再度ラップをかけ、電子レンジで5分加熱する。

3　酢、こしょうを加えて全体を混ぜ合わせ、長ねぎをのせ、ラー油をたらす。

餃子の存在感で
主菜にもおすすめ！

23

〈 ボリューム満点 〉 ＋根菜ミックス・餃子の皮・小ねぎ

餃子の皮ですいとん風

材料 [1人分]

野菜と煮干しだしの
　スープストック（p12）… 1食分
水 … 300mℓ
根菜ミックス（冷凍／p84）… 60g
餃子の皮（2cm幅に切る）… 6枚分
みそ … 小さじ2
小ねぎ（小口切り）… 1本分
七味唐辛子 … 少々

作り方

1　小鍋にスープストック、水、根菜ミックスを入れて中火にかけ、煮立ったら全体を混ぜ合わせる。

2　餃子の皮をほぐし入れ、2分煮て火を止め、みそを溶き入れる。

3　器に盛り、小ねぎを散らし、七味唐辛子をふる。

レタスとかぶのレモン鍋

材料［1人分］

野菜と煮干しだしの
　　スープストック（p12）… 1食分
水 … 200㎖
かぶ（2㎝幅のくし形切り）… 1個分
ベーコン（3等分に切る）… 3枚分
レモン（輪切り）… 2枚
レタス（大きめにちぎる）… 3枚分（100g）
塩・粗びき黒こしょう … 各適量
オリーブ油 … 小さじ1

作り方

1　小鍋に水、スープストック、かぶを入れ
　て中火にかけ、煮立ったら全体を混ぜ
　合わせる。ベーコン、レモンを加えて2
　分煮る。

2　レタスを加えてさっと火を通し、塩、粗
　びき黒こしょうで味をととのえ、オリーブ
　油を回しかける。

ベーコンの旨味に
レモンの酸味がマッチ

〈 ちょっと贅沢 〉 ＋卵

あんかけ卵

材料 [1人分]

野菜と煮干しだしの
　　スープストック（p12）… 1食分
水 … 50mℓ
片栗粉 … 小さじ1
A｜黒酢（または酢）… 小さじ2
　｜ごま油 … 小さじ1
卵 … 2個
塩・粗びき黒こしょう … 各少々
サラダ油 … 大さじ1

作り方

1　小鍋にスープストック、水、片栗粉を入
　　れて中火にかけ、絶えず混ぜ、煮立っ
　　たらとろみがつくまで1分ほど煮る。
2　火を止め、Aを加えてさっと混ぜる。
3　ボウルに卵を割り入れて溶きほぐし、塩、
　　粗びき黒こしょうを加えてよく混ぜる。
4　フライパンにサラダ油を中火で熱し、3を
　　流し入れ、箸で大きく混ぜる。ふんわり
　　したら軽くまとめて器に盛り、2をかける。

〈 ちょっと贅沢 〉 ＋きゅうり

きゅうりのだし浸し

材料 [1人分]

野菜と煮干しだしの
　　スープストック（p12）… 1食分
きゅうり
　　（ところどころ皮をむいて縦半分に
　　切り、1.5cm幅の斜め切りにする）
　　… 1本分
塩 … 小さじ¼
A｜酢・ごま油 … 各小さじ½

作り方

1　ボウルにきゅうりを入れ、塩を加えて全
　　体になじませ、5分おき、さっと洗って
　　水けをきる。
2　耐熱ボウルにスープストックを入れてラッ
　　プをかけ、電子レンジで2分加熱する。
3　1、Aを加えて全体を混ぜ合わせ、冷
　　蔵庫で1時間ほどおき、味をなじませる。

memo

〔スープストックなし〕 お湯を注ぐだけの簡単スープ

冷凍いらずのスープがあれば、満足度もグッとアップします。
鍋やボウルも使わないので、洗い物も少なくておすすめです。

しらすと貝割れの梅スープ

材料と作り方 ［1人分］

器にしらす干し10g、梅干し1個、
根元を切り落として3cm長さに
切った貝割れ菜¼パック分、しょ
うゆ小さじ½を入れ、お湯150㎖
を注ぎ入れてよく混ぜ合わせる。

わかめとねぎのみそ汁

材料と作り方 ［1人分］

器にわかめ（乾燥）小さじ1、か
つお節2つまみ、小口切りにし
た小ねぎ1本分、みそ小さじ2を
入れ、お湯150㎖を注ぎ入れて
よく混ぜ合わせる。

chapter 2

ブイヤベース風

のスープ

ブイヤベース風のスープストック

魚介のだしがしっかりと出た、素材の旨味あふれるスープです。
にんにくを効かせて、後引く味わいに。
トマト缶を使って、旨味の濃さがさらにアップ！

材料［4食分／出来上がり量450g］

白身魚（たいやたらなどの切り身）… 1切れ
塩 … 小さじ½
玉ねぎ … ½個
セロリ … ½本
にんにく … 2かけ
赤唐辛子 … 1本
桜えび（乾燥）… 大さじ2
カットトマト缶 … 300g
A ┌ ローリエ … 1枚
　├ 白ワイン … 大さじ1
　└ 粗びき黒こしょう … 少々
塩 … 小さじ1と¼
オリーブ油 … 大さじ2

作り方

1　白身魚は塩小さじ½をふって10分おき、
　水けをふき取り、1cm角に切る。玉ねぎ、
　セロリはみじん切りにし、にんにくは粗く
　刻む。赤唐辛子は半分に折って種を除く@。

2　小鍋にオリーブ油、にんにく、赤唐辛子
　を入れて中火にかけ、にんにくに薄く色
　がついてきたら玉ねぎ、セロリを加えて5
　分炒めるⓑ。

3　桜えび、白身魚を加え、白身魚をほぐす
　ように2分炒めるⓒ。トマト缶、Aを加え
　て煮立ったら、弱火で10分煮るⓓ。塩
　小さじ¾を加えて味をととのえる。

4　4等分にして保存容器に入れ、冷めた
　ら冷凍庫に入れる。

ホロホロとした
白身魚がクセになる

基本のスープ

ブイヤベース風のスープ

作り方［1人分］

1　耐熱ボウルにブイヤベース風のスープ
　　ストック（p30）1食分を入れてラップを
　　かけ、電子レンジで2分加熱する。

2　一度取り出し、水100mlを加えて混ぜ
　　合わせ、再度ラップをかけ、電子レン
　　ジで2分加熱する。

3　全体を混ぜ合わせる。

フォカッチャや
バゲットを添えたら
食卓が華やかに

＋野菜ジュース・ミックスビーンズ
〈 包丁いらず 〉・タバスコ・パクチー

ミックスビーンズと魚介のスープ

材料［1人分］

ブイヤベース風の
　スープストック（p30）… 1食分
水・野菜ジュース（無塩）… 各50㎖
ミックスビーンズ（ドライパック）… 30g
タバスコ … 少々
パクチー（キッチンバサミで1㎝長さに切る）
　… 1本分

作り方

1　耐熱ボウルにスープストックを入れてラップを
　かけ、電子レンジで2分加熱する。
2　一度取り出し、水、野菜ジュース、ミックスビー
　ンズを加えて混ぜ合わせ、再度ラップをかけ、
　電子レンジで2分30秒加熱する。
3　全体を混ぜ合わせ、タバスコをふり、パクチー
　をのせる。

〈 包丁いらず 〉 ＋卵

落とし卵のトマトスープ

材料 [1人分]

ブイヤベース風の
　　スープストック（p30）… 1食分
水 … 100㎖
卵 … 1個
粗びき黒こしょう … 少々

作り方

1　耐熱ボウルにスープストックを入れてラップをかけ、電子レンジで2分加熱する。

2　一度取り出し、水を加えて混ぜ合わせ、卵を割り入れて箸で軽く黄身をくずす。再度ラップをかけ、電子レンジで3分30秒加熱する。

3　粗びき黒こしょうをふる。

こしょうをキリッと
効かせてアクセントに

納豆トマトスープ

材料 [1人分]

ブイヤベース風の
　　スープストック（p30） … 1食分
水 … 100㎖
ひきわり納豆 … 1パック
青じそ（細かくちぎる） … 4枚分
粉チーズ … 小さじ1

作り方

1　耐熱ボウルにスープストックを入れてラップをかけ、電子レンジで2分加熱する。

2　一度取り出し、水を加えて混ぜ合わせ、再度ラップをかけ、電子レンジで2分加熱する。

3　再度取り出し、納豆を加えてさっと混ぜ、再度ラップをかけ、電子レンジで30秒加熱する。

4　全体を混ぜ合わせ、青じそを散らし、粉チーズをかける。

青じそを散らして
和風テイストに

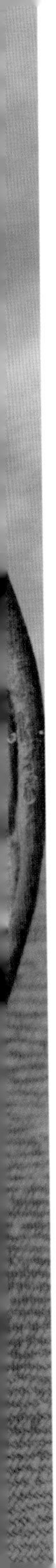

厚揚げのベトナム風トマトスープ

材料［1人分］

ブイヤベース風の
　　スープストック（p30）… 1食分
水 … 100㎖
厚揚げ（ひと口大に切る）… ½枚分（100ｇ）
A｜ナンプラー・ラー油 … 各小さじ½
バジル（ちぎる）… 4枚分

作り方

1　耐熱ボウルにスープストックを入れてラップをかけ、電子レンジで2分加熱する。

2　一度取り出し、水、厚揚げ、Aを加えて混ぜ合わせ、再度ラップをかけ、電子レンジで3分加熱する。

3　バジルを加えて全体を混ぜ合わせる。

濃厚スープを
バジルで爽やかに

〈 ボリューム満点 〉＋牛乳・カリフラワー・雑炊用ごはん・ソーセージ・ピザ用チーズ

ソーセージのカレーチーズリゾット風

材料 [1人分]

ブイヤベース風の
　　スープストック（p30）… 1食分
牛乳 … 100㎖
カリフラワー（小さく切る）…2房分
（40g）
雑炊用ごはん（冷凍／ P46）…1食分
ソーセージ（1㎝幅の斜め切りにする）
　　…2本分
カレー粉…適量
ピザ用チーズ…15g

作り方

1　耐熱ボウルにスープストックを入れてラップをかけ、電子レンジで2分加熱する。

2　一度取り出し、カリフラワーを加えて混ぜ合わせ、再度ラップをかけ、電子レンジで2分加熱する。

3　再度取り出し、牛乳、雑炊用ごはん、ソーセージ、カレー粉小さじ½を加えて混ぜ、再度ラップをかけ、電子レンジで2分30秒加熱する。

4　再度取り出し、全体を混ぜ合わせたらピザ用チーズをのせて再度ラップをかけ、電子レンジで30秒加熱する。

5　カレー粉少々をふる。

間違いない組み合わせで、
大満足の一皿

春菊の苦味が
やさしく広がるピリ辛スープ

〈 ボリューム満点 〉 ＋豆腐・キムチ・春菊

春菊と豆腐の魚介チゲスープ

材料［1人分］

ブイヤベース風の
　　スープストック（p30）… 1食分
水 … 100㎖
絹ごし豆腐 … ¼丁（75ｇ）
白菜キムチ … 30ｇ
春菊（4㎝長さに切る）… 20ｇ
コチュジャン … 小さじ1

作り方

1　耐熱ボウルにスープストックを入れてラップを
　　かけ、電子レンジで2分加熱する。

2　一度取り出し、水、スプーンでひと口大ずつ
　　すくった豆腐、キムチ、コチュジャンを加えて
　　混ぜ合わせ、再度ラップをかけ、電子レンジ
　　で3分加熱する。

3　再度取り出し、春菊を加えて再度ラップをか
　　け、電子レンジで1分加熱する。

4　全体を混ぜ合わせる。

ブイヤベース風のスープストック

〈 ちょっと贅沢 〉 ＋鶏もも肉・ズッキーニ・米・レモン

チキンとズッキーニのパエリヤ

材料［2人分］

ブイヤベース風の
　スープストック（p30）… 1食分
水 … 300㎖
鶏もも肉（小さめのひと口大に切る）… ½枚分（150ｇ）
ズッキーニ（1㎝幅の輪切りにする）… ½本分
米（洗わない）… 1合
塩 … 小さじ¼
粗びき黒こしょう・サフラン（あれば）… 各少々
オリーブ油 … 大さじ1
レモン（くし形切り）… 2切れ

作り方

1　鶏肉に塩、粗びき黒こしょうをふる。

2　小鍋にスープストック、水、サフランを入れて
　中火にかけ、煮立ったら全体を混ぜ合わせ、
　弱火にする。

3　フライパン（26㎝）にオリーブ油を中火で熱し、
　1を皮目を下にしてズッキーニとともに並べ入
　れる。上下を返しながら3分ほど焼き、端に寄
　せる。

4　空いたスペースに米を入れてさっと炒め、2の
　半量を加えて全体をさっと混ぜ、2分煮る。残
　りの2を加えてさっと混ぜる。

5　鶏肉、ズッキーニを米の上に引き上げ、蓋をし
　て弱火で15分炊き、強火にして1分炊く。火
　を止め、5分蒸らす。

6　底から返すように全体を混ぜ、器に盛り、レモ
　ンを添える。

レモンをギュッと搾って
召し上がれ！

43

魚介パスタ

材料［1人分］

ブイヤベース風の
　　スープストック（p30）… 1食分
スパゲッティ … 80g
塩 … 大さじ½
赤唐辛子（半分に折って種を除く）… 1本分
オリーブ油 … 大さじ1
イタリアンパセリ（粗みじん切り）… 10g
粗びき黒こしょう … 少々

作り方

1　鍋に湯1ℓを沸かして塩、スパゲッティを入れ、袋の表示時間より2分短くゆでる。
2　フライパンにオリーブ油、赤唐辛子を中火で熱し、スープストック、1のゆで汁大さじ4を入れて煮立たせる。湯をきった1を加えて全体を混ぜ合わせ、少しとろみがついたらイタリアンパセリ、粗びき黒こしょうを加えてさっと混ぜる。

スープに凝縮された
魚介の旨味がパスタソースに

定番中華も、スープストックで
ワンランク上の味わいに！

〈 ちょっと贅沢 〉　＋むきえび・きゅうり・長ねぎ

えびチリ

材料［1人分］

ブイヤベース風の
　　スープストック（p30）… 1食分
えび（殻つき）…150g
　　（またはむきえび（冷凍／p100）…120g）
塩・片栗粉 … 各適量
こしょう … 少々
きゅうり（皮をむいて縦半分に切り、種を除き、
　　1cm幅の斜め切りにする）… 1本分
長ねぎ（みじん切り）… 1/8本分
A｜酒 … 大さじ1
　｜トマトケチャップ … 小さじ1
B｜しょうが（みじん切り）… 1/2かけ分
　｜豆板醤 … 小さじ1/2
サラダ油 … 大さじ2

作り方

1　えびは殻をむいて背ワタをとり、塩少々
　　でもみ洗いし、水けをふき取る。塩、こ
　　しょう各少々をふり、片栗粉を薄くまぶす。

2　耐熱ボウルにスープストックを入れてラッ
　　プをかけ、電子レンジで2分加熱する。
　　Aを加えて全体を混ぜ合わせる。

3　フライパンにサラダ油大さじ1を中火で
　　熱し、1を入れてさっと炒める。色が変
　　わったら残りのサラダ油を足し入れ、B
　　を加えてさっと炒める。きゅうりを加えて
　　1分ほど炒め、塩少々をふり、2、長ね
　　ぎを加えて炒め合わせる。

memo

大活躍の作りおき具材①

スープをおかゆや雑炊に活用することで、主食に早変わり！
遅く帰ってきた日の夜食や、子どもたちの補食にも便利。

おかゆストック

材料と作り方［6食分］

1 小鍋にごはん150g、水200mℓを
 入れて中火にかける。煮立ったら
 弱火にして蓋をして8分煮る。塩
 ひとつまみを加えてさっと混ぜる。

2 冷凍用保存袋に入れ、袋の空
 気を抜いて平らにならして口を閉
 じる。箸で6等分に溝を入れ、
 バットにのせて冷凍する。

＊溝に沿って、必要分ずつ割って取り出し
て使ってください。

雑炊用ごはん

材料と作り方［1食分］

ラップにごはん40gをのせて水
大さじ1をかけ、平らにして包み、
冷凍する。

＊小分けにして水を加えておくと、少し
ごはんがやわらかくなってカサ増しされ
ます。また、スープに加えたとき、ほぐ
れやすいです。

chapter 3

鶏団子と
えのきのスープ

鶏団子とえのきのスープストック

鶏団子は20個ほど作れるので、1食分でも満足な量が食べられます。
鶏肉の旨味が溶けたスープに、ほのかに香るしょうががアクセント。

材料 ［ 4食分／出来上がり量600g ］

白菜 … 100g

えのきだけ … 1袋（100g）

A ┃ 鶏ひき肉 … 150g
┃ 長ねぎ（みじん切り）… ¼本分
┃ しょうが（すりおろす）… ½かけ分
┃ 酒・片栗粉 … 各小さじ1
┃ 塩 … 小さじ¼
┃ 粗びき黒こしょう … 少々

酒 … 大さじ1

塩 … 小さじ1

水 … 300ml

作り方

1 ボウルに**A**を入れ、しっかりとねり
混ぜる@。

2 白菜は繊維に直角に薄切りにし、
えのきだけは1cm長さに切るⓑ。

3 小鍋に水、**2**を入れ、中火にかける。
煮立ったら酒を加え、**1**をスプーンで
小さめのひと口大にすくって入れる
ⓒ。煮立ったらアクをすくい、6分ほ
ど煮る。塩を加えて味をととのえる。

4 4等分に分けて保存容器に入れ、
冷めたら冷凍庫に入れる。

基本のスープ

鶏団子とえのきのスープ

作り方［1人分］

1 耐熱ボウルに鶏団子とえのきのスープ
　ストック（p48）1食分を入れてラップを
　かけ、電子レンジで2分加熱する。

2 一度取り出し、水100㎖を加えて混ぜ
　合わせ、再度ラップをかけ、電子レン
　ジで2分30秒加熱する。

3 全体を混ぜ合わせる。

消化にいい鶏ひき肉だから、
朝でも夜でも食べやすい！

鶏団子とえのきのスープストック

〈 包丁いらず 〉 ＋白ねりごま・みそ・貝割れ菜・ラー油

鶏団子の担々スープ

材料 [1人分]

鶏団子とえのきの
　スープストック（p48）… 1食分
水 … 100㎖
A｜白ねりごま … 大さじ1
　｜みそ … 小さじ1
貝割れ菜
　（キッチンバサミで3㎝長さに切る）… ¼パック分
ラー油 … 小さじ½

作り方

1　耐熱ボウルにスープストックを入れてラップを
　かけ、電子レンジで2分加熱する。
2　一度取り出し、水を加えて混ぜ合わせ、再
　度ラップをかけ、電子レンジで2分30秒加
　熱する。
3　再度取り出し、Aを加えて全体を混ぜ合わ
　せたら再度ラップをかけ、電子レンジで30
　秒加熱する。
4　貝割れ菜をのせ、ラー油を回しかける。

ごまのコクが後を引く！
ラー油で辛味のアクセント

豆乳のやさしい味わいを
ゆずこしょうが引きしめる

〈 包丁いらず 〉 ＋豆乳・ゆずこしょう

豆乳ゆずこしょうスープ

材料 [1人分]

鶏団子とえのきの
　　スープストック（p48）… 1食分
豆乳（成分無調整）… 100㎖
ゆずこしょう … 小さじ½

作り方

1　耐熱ボウルにスープストックを入れてラップを
　　かけ、電子レンジで2分加熱する。
2　一度取り出し、豆乳を加えて混ぜ合わせ、再
　　度ラップをかけ、電子レンジで2分30秒加熱
　　する。
3　ゆずこしょうを加えて全体を混ぜ合わせる。

のりをトロトロにして
なじませて

〈 包丁いらず 〉 ＋焼きのり・ごま油

鶏団子とえのきののりスープ

材料 [1人分]

鶏団子とえのきの
　　スープストック（p48）… 1食分
水 … 100mℓ
焼きのり（細かくちぎる）… ½枚分
ごま油 … 小さじ½

作り方

1　耐熱ボウルにスープストックを入れてラップをか
　　け、電子レンジで2分加熱する。
2　一度取り出し、水を加えて混ぜ合わせ、再度ラッ
　　プをかけ、電子レンジで2分30秒加熱する。
3　焼きのりを加えて全体を混ぜ合わせ、ごま油を回
　　しかける。

油揚げからジュワッと旨味が染み出る!

〈 ボリューム満点 〉 ＋おかゆ・油揚げ・ザーサイ・パクチー

油揚げと鶏団子の中華風がゆ

材料［1人分］

鶏団子とえのきの
　　スープストック（p48）… 1食分
水 … 100㎖
おかゆ（冷凍／p46）… 1/6量（約50g）
油揚げ（細切り）… 1/4枚分
ザーサイ（市販）・パクチー（刻む）… 各適量

作り方

1　耐熱ボウルにスープストックを入れてラップをかけ、電子レンジで2分加熱する。

2　一度取り出し、水、おかゆ、油揚げを加えて混ぜ合わせ、再度ラップをかけ、電子レンジで3分加熱する。

3　全体を混ぜ合わせ、ザーサイをのせ、パクチーを散らす。

〈 ボリューム満点 〉 ＋うどん・豆乳・小ねぎ

鶏団子豆乳うどん

材料［1人分］

鶏団子とえのきの
　　スープストック（p48）… 1食分
豆乳（成分無調整）… 100㎖
うどん（冷凍）… 小1玉（100ｇ）
小ねぎ（5㎝長さの斜め切りにする）
　　… 2本分

作り方

1 耐熱ボウルにスープストックを入れてラップを
　かけ、電子レンジで2分加熱する。

2 一度取り出し、全体を混ぜ合わせたらうどん
　を加えて再度ラップをかけ、電子レンジで4
　分加熱する。

3 再度取り出し、うどんをほぐして豆乳を加えて
　混ぜ合わせ、再度ラップをかけ、電子レンジ
　で1分加熱する。

4 全体を混ぜ合わせ、小ねぎをのせる。

〈 ボリューム満点 〉 ＋シュウマイの皮・ピザ用チーズ・豆苗

チーズワンタンスープ

材料［1人分］

鶏団子とえのきの
　　スープストック（p48）… 1食分
水 … 100㎖
シュウマイの皮 … 4枚
ピザ用チーズ … 10g
豆苗（5㎝長さに切る）… ¼パック分

作り方

1　シュウマイの皮にピザ用チーズをのせて周囲に水をぬり、包む。
2　耐熱ボウルにスープストックを入れてラップをかけ、電子レンジで2分加熱する。
3　一度取り出し、水、1を加えて混ぜ合わせ、再度ラップをかけ、電子レンジで3分加熱する。
4　再度取り出し、豆苗を加えて再度ラップをかけ、電子レンジで1分加熱する。
5　全体を混ぜ合わせる。

豆苗×チーズが織りなす
新しいハーモニー

〈 ちょっと贅沢 〉 ＋フォー・もやし・桜えび・ライム

鶏団子のフォー

材料［1人分］

鶏団子とえのきの
　　スープストック（p48）… 1食分
水 … 200mℓ
フォー（乾燥）… 40g
もやし … 50g
桜えび（乾燥）… 2g
ナンプラー … 小さじ2
パクチー（ざく切り）・ミント（ちぎる）… 各適量
ライム（くし形切り）… 1切れ

作り方

1　フォーは袋の表示通りにゆでる。ゆであがる1
　　分前にもやしを加えて一緒にゆで、水けをきっ
　　て器に盛る。
2　小鍋に水、スープストック、桜えび、ナンプラー
　　を入れて中火にかけ、煮立ったら全体を混ぜ
　　合わせ、1にかける。
3　パクチー、ミント、ライムをのせる。

ナンプラーとトッピングで
一気に異国情緒

| 鶏団子とえのきのスープストック

〈 ちょっと贅沢 〉 ＋卵

鶏団子入り梅茶碗蒸し

材料 ［1〜2人分］

鶏団子とえのきの
　　スープストック（p48）… 1食分
水 … 100㎖
卵 … 1個
梅肉 … 少々

作り方

1　耐熱ボウルにスープストックを入れてラッ
　　プをかけ、電子レンジで3分加熱する。
2　別のボウルに卵を割り入れて泡立てな
　　いように溶きほぐし、1、水を加えてよく
　　混ぜる。
3　耐熱の器に2を流し入れ、蒸し器に入
　　れる。強火で2分蒸し、弱火にして8
　　分蒸す。
4　梅肉をのせる。

memo

大活躍の作りおき具材②

時間があるときにゆでたマカロニ、包む具材がなくなってしまった皮たちは、
冷凍しておけば腹持ちを良くしてくれる具材に早変わり。

ゆでマカロニ

材料と作り方　[作りやすい分量]

1　小鍋に湯400mℓを沸かして、塩
　小さじ½を入れる。マカロニ60g
　を加えて袋の表示通りにゆで、
　ザルにあげて水けをきる。
2　冷凍用保存袋に重ならないように
　1を平らにならして入れ、袋の口
　を閉じ、バットにのせて冷凍する。

＊使う分ずつ割って取り出す。平らに入れ
ることで、必要分が取り出しやすい。

余った皮

保存方法

ラップに余ったワンタンやシュウ
マイ、餃子の皮をのせて包み、
冷凍する。

＊使うときは、室温に5分ほど置いて
半解凍し、必要枚数を取る。

chapter 4

そぼろと
まいたけのスープ

そぼろとまいたけのスープストック

まいたけのしっかりとした風味と、ひき肉のコクを、
しょうゆベースでまとめたスープ。
がっつりとしたアレンジにも使えるスープストックです。

材料［4食分／出来上がり量500g］

豚ひき肉 … 100g
まいたけ … 1パック（100g）
長ねぎ … 1本
にんにく・しょうが … 各½かけ
A｜しょうゆ … 大さじ2
　｜酒 … 大さじ1
　｜みりん … 大さじ½
　｜粗びき黒こしょう … 少々
サラダ油 … 大さじ1と½
ごま油 … 大さじ½
水 … 300㎖

作り方

1　まいたけは粗く刻み、長ねぎは小口
　切りにする。にんにく、しょうがはみ
　じん切りにする@。

2　小鍋にサラダ油を中火で熱し、長
　ねぎを入れて弱火でこんがりとする
　まで6分炒める⒝。

3　ごま油、にんにく、しょうがを加え、
　香りが立ったらひき肉を加え、色が
　変わるまで炒める©。

4　まいたけ、混ぜ合わせたAを加え
　て強火でさっと炒める。水を加えて
　煮立ったら、アクをすくい⒟、弱火
　で7分煮る。

5　4等分に分けて保存容器に入れ、
　冷めたら冷凍庫に入れる。

| そぼろとまいたけのスープストック

飲めば飲むほど、旨味が広がる！

旨味スープの素（4）

基本のスープ

そぼろとまいたけのスープ

作り方［1人分］

1 耐熱ボウルにそぼろとまいたけのスープストック（p66）1食分を入れてラップをかけ、電子レンジで2分加熱する。

2 一度取り出し、水100㎖を加えて混ぜ合わせ、再度ラップをかけ、電子レンジで2分加熱する。

3 全体を混ぜ合わせる。

〈 包丁いらず 〉 ＋豆腐・片栗粉・カレー粉

まいたけとくずし豆腐のとろみカレースープ

一汁一菜でも満足

ごはんによく合うカレー味で

材料［1人分］

そぼろとまいたけの
　　スープストック（p66）… 1食分
水 … 100㎖
絹ごし豆腐 … ¼丁（75g）
A｜片栗粉 … 小さじ1
　｜カレー粉 … 小さじ¼

作り方

1　耐熱ボウルにスープストックを入れてラップを
　　かけ、電子レンジで2分加熱する。
2　一度取り出し、水、スプーンで軽くくずしな
　　がらすくった豆腐、Aを加えてよく混ぜる。
　　再度ラップをかけ、電子レンジで2分加熱す
　　る。再度取り出し、よく混ぜて再度ラップを
　　かけ、電子レンジでさらに2分加熱する。
3　全体を混ぜ合わせる。

〈 包丁いらず 〉 ＋にら・豆板醤

にらのピリ辛スープ

豆板醤のパンチを効かせて！

やさしい風味に

材料［1人分］

そぼろとまいたけの
　　スープストック（p66）… 1食分
水 … 100㎖
にら（キッチンバサミで4㎝長さに切る）…2本分（30g）
豆板醤…小さじ¼

作り方

1　耐熱ボウルにスープストックを入れてラップを
　　かけ、電子レンジで2分加熱する。
2　一度取り出し、水、にら、豆板醤を加えて
　　混ぜ、再度ラップをかけ、電子レンジで3
　　分加熱する。
3　全体を混ぜ合わせる。

〈 包丁いらず 〉 ＋揚げ玉・小ねぎ

たぬきスープ

材料 [1人分]

そぼろとまいたけの
　　スープストック（p66）… 1食分
水 … 100㎖
揚げ玉 … 大さじ2
小ねぎ（キッチンバサミで
　　1㎝長さに切る）… 2本分

作り方

1 耐熱ボウルにスープストックを入れてラップをかけ、電子レンジで2分加熱する。

2 一度取り出し、水を加えて混ぜ合わせ、再度ラップをかけ、電子レンジで2分加熱する。

3 全体を混ぜ合わせ、揚げ玉、小ねぎをのせる。

揚げ玉で手軽に
こってり感をプラス

トロトロわかめの
食感がクセになる

〈 包丁いらず 〉 ＋豆乳・わかめ

豆乳わかめスープ

材料［1人分］

そぼろとまいたけの
　　スープストック（p66）… 1食分
豆乳（成分無調整）… 100ml
カットわかめ（乾燥）… 小さじ1

作り方

1　耐熱ボウルにスープストックを入れてラッ
　　プをかけ、電子レンジで2分加熱する。
2　一度取り出し、豆乳、わかめを加えて
　　混ぜ合わせ、再度ラップをかけ、電子
　　レンジで2分加熱する。
3　全体を混ぜ合わせる。

<〈 ボリューム満点 〉 ＋切りもち・水菜・大根おろし

おろしもちそぼろスープ

材料［1人分］

そぼろとまいたけの
　　スープストック（p66）… 1食分
水 … 100㎖
切りもち … 1個
水菜（3cm長さに切る）… 20g
大根おろし … 100g
一味唐辛子 … 少々

作り方

1　耐熱ボウルにスープストックを入れてラップをかけ、電子レンジで2分加熱する。

2　一度取り出し、水、もちを加えて混ぜ合わせ、再度ラップをかけ、電子レンジで3分加熱する。

3　再度取り出し、水菜を加えて再度ラップをかけ、電子レンジで1分加熱する。

4　水けを軽くきった大根おろしをのせ、一味唐辛子をふる。

お雑煮風でほっこり。
もちでボリューム感も◎

そぼろとまいたけのスープストック

〈 ボリューム満点 〉 ＋豆腐・おかゆ・根菜ミックス・小ねぎ

豆腐とそぼろのスープ

材料［1人分］

そぼろとまいたけの
　　スープストック（p66）… 1食分
水 … 100㎖
絹ごし豆腐（1cm角に切る）… ¼丁分
（75g）
おかゆ（冷凍／P46）… ⅙量（約50g）
根菜ミックス（冷凍／P84）… 50g
みそ … 小さじ½
小ねぎ（小口切り）… 1本分

作り方

1 耐熱ボウルにスープストックを入れてラップをかけ、電子レンジで2分加熱する。

2 一度取り出し、水、豆腐、おかゆ、根菜ミックス、みそを加えて混ぜ、再度ラップをかけ、電子レンジで5分加熱する。

3 全体を混ぜ合わせ、小ねぎを散らす。

〈 ボリューム満点 〉 ＋揚げ野菜ミックス・シュウマイの皮

なすとそぼろのオイスタースープ

材料［1人分］

そぼろとまいたけの
　　スープストック（p66）… 1食分
水 … 100㎖
揚げ野菜ミックス（冷凍／P84）… 50g
シュウマイの皮 … 4枚
オイスターソース … 小さじ1

作り方

1 耐熱ボウルにスープストックを入れてラップをかけ、電子レンジで2分加熱する。

2 一度取り出し、水、揚げ野菜ミックス、オイスターソースを加えて混ぜる。シュウマイの皮を広げ入れて再度ラップをかけ、電子レンジで3分加熱する。

3 全体を混ぜ合わせる。

具だくさんだから、炊き込みごはんの素としても使える！

　そぼろとまいたけのスープストック

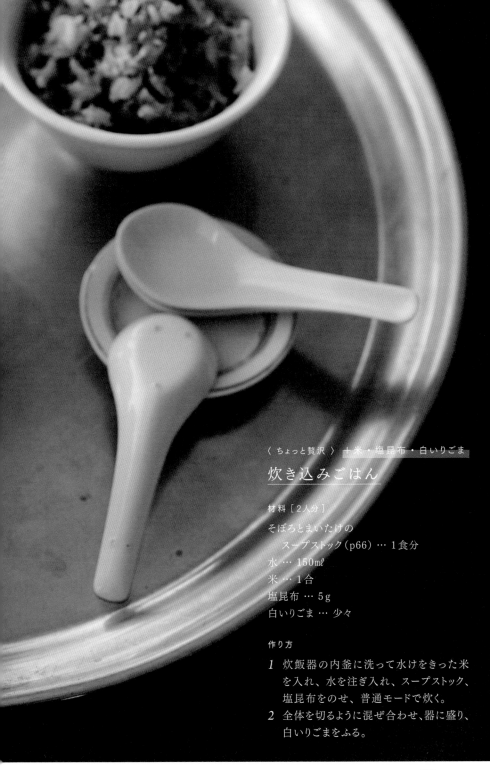

〈 ちょっと贅沢 〉 ＋米・塩昆布・白いりごま

炊き込みごはん

材料［2人分］

そぼろとまいたけの
　　スープストック（p66）… 1食分
水 … 150mℓ
米 … 1合
塩昆布 … 5g
白いりごま … 少々

作り方

1　炊飯器の内釜に洗って水けをきった米
　を入れ、水を注ぎ入れ、スープストック、
　塩昆布をのせ、普通モードで炊く。
2　全体を切るように混ぜ合わせ、器に盛り、
　白いりごまをふる。

そぼろとまいたけのスープストック

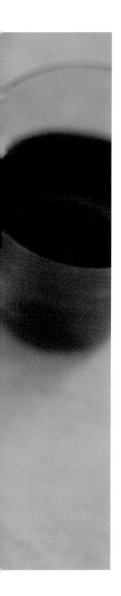

〈 ちょっと贅沢 〉 ＋卵・三つ葉・ごはん

そぼろ卵丼

材料 [1人分]

そぼろとまいたけの
　　スープストック（p66）… 1食分
水 … 大さじ2
溶き卵…2個分
三つ葉（ざく切り）…¼束分
温かいごはん…150g

作り方

1　小さめのフライパン（20㎝）に水、スープ
　　ストックを入れて蓋をし、中火にかけ、
　　煮立ったら1分ほど煮て、全体を混ぜ
　　合わせる。
2　溶き卵と三つ葉を加えて大きく数回混ぜ、
　　卵が半熟状態になったら火を止める。
3　器に温かいごはんを盛り、2をのせる。

ブレンドスープ①

ラーメンのスープはだしとだしを掛け合わせています。
スープをブレンドすることで、
手軽に旨味とコクのコラボレーションが実現!

スープを合わせて
絶妙な味わいに!

旨味たっぷりラーメン

材料[1人分]

野菜と煮干しだしのスープストック(p12) … 1食分
そぼろとまいたけのスープストック(p66) … 1食分
水 … 200㎖
中華麺 … 1袋(130g)
ゆで卵(半分に切る) … 1個分
白髪ねぎ … 少々

作り方

1 小鍋に水、スープストック2種を入れて中火に
  かけ、煮立ったら2分ほど煮て、全体を混ぜ
  合わせる。
2 鍋にたっぷりの湯を沸かして中華麺を入れ、
  袋の表示通りにゆで、水けをきる。
3 器に2を盛り、1をかけ、ゆで卵、白髪ねぎを
  のせる。

大活躍の作りおき具材③

切るのも加熱するのも面倒だけど、ちょっと野菜がほしいとき、
大活躍の冷凍野菜！ スープにアレンジとして入れてもちろんOK。
栄養バランスを手軽にアップさせましょう。

揚げ野菜ミックス

材料と作り方 ［作りやすい分量］

1 フライパンにオリーブ油大さじ2を中火で熱し、5mm厚さの半月切りにしたなす2本分を入れ、2分焼く。1.5cm四方に切ったピーマン2個分を加え、1分炒め、塩少々をふってさっと混ぜる。
2 冷凍用保存袋に広げて入れ、袋の空気は抜かずに口を閉じ、バットにのせて冷凍する。

根菜ミックス

材料と作り方 ［作りやすい分量］

1 ごぼう½本は、斜め半月切りにして水にさっとくぐらせ、水けをきる。
2 フライパンにサラダ油小さじ2を中火で熱し、1を加えて1分炒める。2mm幅のいちょう切りにしたにんじん¼本分、3mm幅のいちょう切りにした大根100gを入れ、さっと炒める。
3 水100ml、塩少々を加え、煮立ったら蓋をして弱火で汁けがなくなるまで10分ほど蒸し煮にする。
4 冷凍用保存袋に広げて入れ、袋の空気は抜かずに口を閉じ、バットにのせて冷凍する。

＊空気を抜かずに広げて入れることで、必要分が取り出しやすい。

chapter 5

セロリのポタージュ

セロリのポタージュストック

セロリをたっぷりと使ったポタージュです。
ちょっと味けない食卓を豪華にしてくれたり、
パンを添えるだけで1食になったりと、ひと手間かけた分便利な作りおきに。

材料 [4食分出来上がり量／400g]

セロリ … 2本（200g）
じゃがいも … 小1個（100g）
玉ねぎ … ½個
バター … 20g
塩 … 小さじ1
粗びき黒こしょう … 少々
水 … 150ml

作り方

1 セロリは薄い小口切りにし、じゃがいも
　は皮をむいて2mm幅の半月切りにする。
　玉ねぎは繊維に直角に薄切りにするⓐ。

2 小鍋に半量のバターを中火で熱し、玉
　ねぎを弱火でこがさないように5分炒め
　る。残りのバター、セロリを加えてしんな
　りするまで2分ほど炒めたら、じゃがいも
　を加えてさっと混ぜるⓑ。

3 水を加えて中火にし、煮立ったら蓋を少
　しずらしてのせ、弱火でやわらかくなる
　まで15分ほど煮る。塩、粗びき黒こしょ
　うを加えて味をととのえるⓒ。

4 ハンドブレンダーでなめらかになるまで
　攪拌するⓓ。
　＊ミキサーにかける場合は、少し冷ましてから攪拌
　する。

5 4等分にして保存容器に入れ、冷めた
　ら冷凍庫に入れる。

セロリのポタージュストック

ポタージュのやさしい味わいに、
身も心もホッとひと息

旨味スープの素（5）

基本のスープ

セロリのポタージュのスープ

作り方 ［1人分］

1 耐熱ボウルにセロリのポタージュストック
　（p86）1食分を入れてラップをかけ、
　電子レンジで2分加熱する。

2 一度取り出し、牛乳100㎖を加えて混
　ぜ合わせ、再度ラップをかけ、電子レン
　ジで2分加熱する。

3 全体を混ぜ合わせる。

〈 包丁いらず 〉 ＋ ザーサイ・パクチー・ごま油

セロリの中華スープ

材料 [1人分]

セロリのポタージュ
　ストック（p86）… 1食分
水 … 100㎖
ザーサイ（市販）… 10g
パクチー（キッチンバサミで
　1㎝長さに切る）… 1本分
ごま油 … 小さじ1

作り方

1　耐熱ボウルにスープストックを入れてラッ
　プをかけ、電子レンジで2分加熱する。
2　一度取り出し、水、ザーサイを加えて
　混ぜ、再度ラップをかけ、電子レンジ
　で2分加熱する。
3　全体を混ぜ合わせ、パクチーをのせ、
　ごま油を回しかける。

〈 包丁いらず 〉 ＋トマトジュース・牛乳

セロリのトマトミルクポタージュ

材料 [1人分]

セロリのポタージュ
　　ストック（p86）… 1食分
トマトジュース（無塩）・牛乳 … 各50mℓ
粗びき黒こしょう … 少々

作り方

1　耐熱ボウルにスープストックを入れてラップをかけ、電子レンジで2分加熱する。

2　一度取り出し、トマトジュース、牛乳を加えて混ぜ合わせ、再度ラップをかけ、電子レンジで2分加熱する。

3　全体を混ぜ合わせ、粗びき黒こしょうをふる。

〈 包丁いらず 〉 ＋牛乳・青じそ・オリーブ油

セロリと青じそのポタージュ

材料 [1人分]

セロリのポタージュ
　　ストック（p86）… 1食分
水・牛乳 … 各50mℓ
青じそ（細かくちぎる）… 5枚分
オリーブ油 … 小さじ½

作り方

1　耐熱ボウルにスープストックを入れてラップをかけ、電子レンジで2分加熱する。

2　一度取り出し、水、牛乳を加えて混ぜ合わせ、再度ラップをかけ、電子レンジで2分加熱する。

3　青じそを加えてさっと混ぜ、オリーブ油を回しかける。

セロリとマカロニのポタージュ

材料［1人分］

セロリのポタージュ
　ストック（p86）… 1食分
牛乳 … 100㎖
ゆでマカロニ（冷凍／p64）… 30g
根菜ミックス（冷凍／p84）… 50g
ツナ缶（水煮）… ½缶（35g）
みそ … 小さじ½
バター … 5g

作り方

1　耐熱ボウルにスープストックを入れて
　ラップをかけ、電子レンジで2分加
　熱する。

2　一度取り出し、牛乳、マカロニ、根
　菜ミックス、みそ、ツナを汁ごと加え
　て混ぜ、再度ラップをかけ、電子レ
　ンジで3分加熱する。

3　全体を混ぜ合わせ、バターをのせる。

ささみとセロリのポタージュ

材料［1人分］

セロリのポタージュ
　ストック（p86）… 1食分
水 … 100㎖
鶏ささみ（冷凍／p100）… 50g
スナップえんどう
　（斜め薄切り）… 3本分
温かいごはん … 50g
オリーブ油 … 小さじ½

作り方

1　耐熱ボウルにスープストックを入れて
　ラップをかけ、電子レンジで2分加
　熱する。

2　一度取り出し、水、鶏ささみ、スナッ
　プえんどう、ごはんを加えて混ぜ、
　再度ラップをかけ、電子レンジで3
　分加熱する。

3　全体を混ぜ合わせ、オリーブ油を回
　しかける。

〈 ちょっと贅沢 〉 ＋鶏もも肉・レモン

チキンソテー、レモンセロリソース

材料 [1人分]

セロリのポタージュ
　　ストック（p86）… 1食分
鶏もも肉 … 小1枚（200g）
レモン（1cm厚さの輪切り）… 1枚
塩 … 小さじ¼
粗びき黒こしょう … 少々
オリーブ油 … 小さじ2

作り方

1　鶏肉に塩、粗びき黒こしょうをふる。
2　フライパンにオリーブ油を中火で熱し、*1*
　　を皮目を下にして入れ、皮がパリッとす
　　るまで5分ほど焼く。上下を返して3分
　　焼き、取り出す。
3　耐熱ボウルにスープストックを入れてラッ
　　プをかけ、電子レンジで2分加熱する。
4　2のフライパンの余分な油をペーパータ
　　オルでふき取り、3を入れて中火にかけ
　　る。煮立ったら火を止め、レモンを搾り、
　　さっと混ぜる。
5　器に4を盛り、食べやすく切った2をのせ、
　　レモンの皮（分量外）を削って散らす。

レモンとセロリの
香りが贅沢な一品

〈 ちょっと贅沢 〉 ＋牛乳・ごはん・ピザ用チーズ

セロリ風味のチーズドリア

定番メニューも
セロリの風味で
変化をつけて！

材料 [1人分]

セロリのポタージュ
　　ストック（p86）… 1食分
牛乳 … 大さじ1
温かいごはん … 150g
バター … 10g
ピザ用チーズ … 30g
粗びき黒こしょう … 少々

作り方

1　耐熱ボウルにスープストックを入れてラップをかけ、電子レンジで2分加熱する。

2　一度取り出し、牛乳を加えて混ぜ、再度ラップをかけ、電子レンジで1分加熱する。

3　耐熱の器に温かいごはん、バターを入れて混ぜ、ごはんにバターをからめる。

4　3に2をかけ、ピザ用チーズをのせ、オーブントースターで10分焼き、粗びき黒こしょうをふる。

アボカドたらもサラダ

材料［2人分］

セロリのポタージュ
　ストック（p86）… 1食分
きゅうり（1cm角に切る）… 1本分
塩 … 少々
アボカド（ひと口大に切る）… 1個分
たらこ（ほぐす）… ½腹分（40g）
紫玉ねぎ（みじん切り）… ⅛個分
A｜酢・オリーブ油 … 各小さじ1
　｜粗びき黒こしょう … 少々

作り方

1　きゅうりは塩をふり、5分おいて水けをふき取る。
2　耐熱ボウルにスープストックを入れてラップをかけ、電子レンジで3分加熱する。
3　ボウルに2、Aを入れて混ぜ合わせ、1、アボカド、たらこ、紫玉ねぎを加えてさっとあえる。

ついついお酒もすすむ
おつまみサラダ

memo

大活躍の作りおき具材④

鶏ささみやえびは、食べ応えがアップするうえ、たんぱく質もしっかりとれるので、栄養バランスをととのえるためにもストックしておくのがおすすめです。

レンジ鶏ささみ

材料と作り方　[作りやすい分量]

1 耐熱皿に鶏ささみ3本(150g)をのせ、塩、こしょう各少々をふり、酒小さじ1をからめる。ふんわりとラップをかけ、電子レンジで2分加熱する(加熱が足りない場合は、鶏ささみの上下を返して再びラップをかけ、30秒ほど追加で加熱する)。粗熱がとれたら筋を取って細かくほぐす。

2 冷凍用保存袋に広げて入れ、袋の空気は抜かずに口を閉じ、バットにのせて冷凍する。

＊使う分ずつ、割って取り出して使う。空気を抜かずに広げて入れることで、必要分が取り出しやすい。

むきえび

材料と作り方　[作りやすい分量]

1 殻付きえび200gは殻をむいて背ワタを取り、塩少々でもみ洗いして水けをふく。

2 冷凍用保存袋に広げて入れ、袋の空気を抜いて口を閉じ、バットにのせて冷凍する。

＊市販の冷凍のむきえびは小さいものが多いので、自分で好みのものを買って作るとおいしい。殻付きえびを買って余った分をこの方法で冷凍しておくとすぐ使えて便利。

chapter 6

レンズ豆の
スパイススープ

レンズ豆のスパイススープストック

ネパール料理のダルスープ風に仕上げた
レンズ豆のスープです。
レンズ豆は30分煮る必要がありますが、
スパイスを効かせた本格的なスープが
冷凍庫にストックしてあると、
食事のバリエーションが広がります。

材料［4食分／出来上がり量500g］

レンズ豆 … 150g
玉ねぎ … ¼個
にんにく・しょうが … 各1かけ
パクチー … 10g
ターメリックパウダー … 小さじ½
塩・クミンシード … 各小さじ1
サラダ油 … 大さじ1と½
水 … 500㎖

作り方

1 レンズ豆は洗ってザルにあげる。玉
   ねぎ、にんにく、しょうが、パクチー
   はみじん切りにする@。

2 小鍋にレンズ豆、玉ねぎ、水を入
   れて中火にかける⑥。煮立ったらア
   クをすくい⑥、弱火で30分煮る。塩
   を加えて味をととのえる。

3 フライパンにサラダ油、クミンシード
   を入れて中火にかけ、香りが立った
   らターメリックパウダー、にんにく、しょ
   うがを加えてさっと炒め⑥、パクチー
   を加えてひと混ぜする。

4 2に3を加えて混ぜる⑥。

5 4等分に分けて保存容器に入れ、
   冷めたら冷凍庫に入れる。

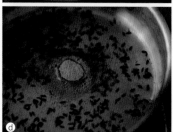

レンズ豆のスパイススープストック

基本のスープ

レンズ豆のスパイスのスープ

作り方 ［1人分］

1 耐熱ボウルにレンズ豆のスパイススープストック（p102）1食分を入れてラップをかけ、電子レンジで2分加熱する。

2 一度取り出し、水100㎖を加えて混ぜ合わせ、再度ラップをかけ、電子レンジで2分加熱する。

3 全体を混ぜ合わせる。

レンズ豆のやさしい味わいを
スパイスが彩る

レンズ豆のスパイススープストック

〈 包丁いらず 〉 ＋トマトジュース・粉チーズ

レンズ豆のトマトスープ

材料 [1人分]

レンズ豆のスパイス
　スープストック（p102）… 1食分
トマトジュース（無塩）… 100mℓ
粉チーズ … 少々

作り方

1 耐熱ボウルにスープストックを入れてラップを
　　かけ、電子レンジで2分加熱する。

2 一度取り出し、トマトジュースを加えて混ぜ、
　　再度ラップをかけ、電子レンジで2分加熱す
　　る。

3 全体を混ぜ合わせ、粉チーズをかける。

〈 包丁いらず 〉 ＋牛乳・クラッカー

レンズ豆のミルクスープ

材料 [1人分]

レンズ豆のスパイス
　　スープストック（p102）… 1食分
牛乳 … 100㎖
クラッカー … 2枚

作り方

1　耐熱ボウルにスープストックを入れてラップをかけ、電子レンジで2分加熱する。

2　一度取り出し、牛乳を加えて混ぜ、再度ラップをかけ、電子レンジで2分加熱する。

3　全体を混ぜ合わせ、手で割ったクラッカーを散らす。

クラッカーをバリバリッと
散らした大人の味

〈 包丁いらず 〉 ＋豆乳・バター

レンズ豆の豆乳バタースープ

材料 [1人分]

レンズ豆のスパイス
　　スープストック（p102）… 1食分
豆乳（成分無調整）… 100㎖
バター … 5g

作り方

1　耐熱ボウルにスープストックを入れてラップをかけ、電子レンジで2分加熱する。
2　一度取り出し、豆乳を加えて混ぜ、再度ラップをかけ、電子レンジで2分加熱する。
3　全体を混ぜ合わせ、バターをのせる。

ヨーグルトとミント香る爽やかなスープ

〈 ボリューム満点 〉 ＋ベーコン・マカロニ・ミント

ベーコンとレンズ豆のマカロニスープ

材料［1人分］

レンズ豆のスパイス
　スープストック（p102）… 1食分
水 … 100㎖
ベーコン（1㎝幅に切る）… 1枚分
ゆでマカロニ（冷凍／ p64）… 30ｇ
プレーンヨーグルト（無糖）… 大さじ1
ミント … 3枚

作り方

1　耐熱ボウルにスープストックを入れてラップをかけ、電子レンジで2分加熱する。

2　一度取り出し、水、ベーコン、マカロニを加えて混ぜ、再度ラップをかけ、電子レンジで3分加熱する。

3　全体を混ぜ合わせ、ヨーグルト、ミントをのせる。

〈 ボリューム満点 〉 ＋ココナッツミルク・雑炊用ごはん・揚げ野菜ミックス・しょうが

レンズ豆のココナッツミルクスープ

材料 [1人分]

レンズ豆のスパイス
　スープストック（p102）… 1食分
水・ココナッツミルク … 各50㎖
雑炊用ごはん（冷凍／p46）… 1食分
揚げ野菜ミックス（冷凍／p84）… 50g
しょうが（せん切り）… 少々

作り方

1　耐熱ボウルにスープストックを入れてラップをかけ、電子レンジで2分加熱する。

2　一度取り出し、水、ココナッツミルク、雑炊用ごはん、揚げ野菜ミックスを加えて混ぜ、再度ラップをかけ、電子レンジで3分加熱する。

3　全体を混ぜ合わせ、しょうがをのせる。

まろやかなスープは
せん切りしょうがでキリッと

えびの旨味とトマトの
酸味が絶妙なハーモニー

〈 ボリューム満点 〉 ＋むきえび・ミニトマト・バジル

レンズ豆とえびのフレッシュトマトスープ

材料［1人分］

レンズ豆のスパイス
　スープストック（p102）… 1食分
水 … 100mℓ
むきえび（冷凍／p100）… 3尾（50g）
ミニトマト（縦半分に切る）… 4個分
バジル（ちぎる）… 2枚分
オリーブ油 … 小さじ½

作り方

1　耐熱ボウルにスープストックを入れてラッ
　プをかけ、電子レンジで2分加熱する。

2　一度取り出し、水、むきえび、ミニトマ
　トを加えて混ぜ、再度ラップをかけ、電
　子レンジで3分加熱する。

3　バジルを加えてさっと混ぜ、オリーブ油
　を回しかける。

パクパク食べちゃう
コロコロサイズ

〈 ちょっと贅沢 〉 ＋じゃがいも

レンズ豆のコロッケ

材料［2人分］

レンズ豆のスパイス
　スープストック（p102）… 1食分
じゃがいも … 1個（130g）
小麦粉・パン粉・溶き卵・揚げ油 … 各適量

作り方

1　じゃがいもはよく洗って皮ごとラップで包み、耐
　　熱ボウルに入れて電子レンジで2分加熱する。
　　一度取り出し、上下を返して1分加熱する。
　　熱いうちに皮をむいてボウルに戻し入れて潰す。

2　別の耐熱ボウルにスープストックを入れてラップ
　　をかけ、電子レンジで2分加熱する。

3　2を1に加えて全体を混ぜ合わせ、16等分し、
　　直径3cmくらいになるように丸める。小麦粉を
　　薄くまぶして溶き卵にくぐらせ、パン粉をまぶす。

4　鍋に4cm深さの揚げ油を入れて170度に熱し、
　　3を入れ、ときどき返しながら2分揚げる。

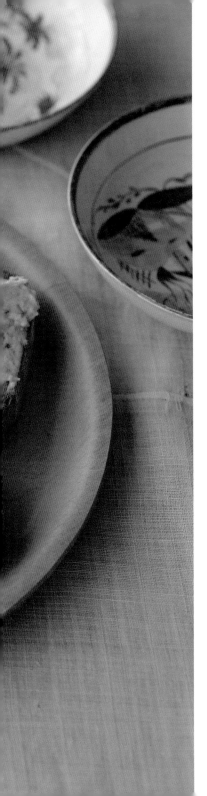

スパイスとチーズが
よく合うかわいいディップ

〈 ちょっと贅沢 〉 ＋クリームチーズ・ブラックオリーブ

チーズディップ

材料［2人分］

レンズ豆のスパイス
　　スープストック（p102）… 1食分
クリームチーズ … 50g
ブラックオリーブ（粗みじん切り）… 4粒分（10g）
バゲット（スライス）… 8枚

作り方

1 耐熱ボウルにスープストックを入れてラップをかけ、電子レンジで3分加熱する。
2 熱いうちにクリームチーズを加えて、溶かすようによく混ぜる。ブラックオリーブを加えて全体を混ぜ合わせ、冷蔵庫で10分ほど冷やす。
3 バゲットをトーストし、2を塗る。

魚介と豆の
ブレンドスープで作る
絶品カレー！

ブレンドスープ②

グツグツと野菜を煮なくても、
さまざまな旨味が凝縮している
スープストックを使って、手の込んだカレーが完成！

キーマカレー

材料［2人分］

ブイヤベース風のスープストック（p30）… 1食分
レンズ豆のスパイススープストック（p102）… 1食分
水 … 100mℓ
合いびき肉 … 150g
トマト（2cm角に切る）… 1個分
揚げ野菜ミックス（冷凍／p84）… 80g
プレーンヨーグルト（無糖）… 大さじ2
カレー粉 … 大さじ1
塩 … 小さじ¼
サラダ油 … 大さじ1
温かいごはん … 300g

作り方

1 ひき肉にカレー粉をまぶす。
2 フライパンにサラダ油を中火で熱し、*1*を入れ
て2分ほど炒める。トマトを加えてさっと炒める。
ヨーグルト、スープストック2種、水、揚げ野菜
ミックスの順に加えて蓋をし、途中スープストッ
クをほぐすようにしてよく混ぜながら10分ほど
煮る。塩を加えてさっと混ぜる。
3 器に温かいごはんを盛り、*2*をかける。

デザートスープ

季節のフルーツを冷凍すれば、
傷みも回避できて、新しい味わいに大満足。
スパイスやワインを使った大人のデザートスープも。

いちごとトマトのアールグレイスープ

材料［約4食分］

いちご（1.5cm角に切る）… 150g

フルーツトマト（湯むきして1.5cm角に切る）
　… 2個分（150g）

レモン汁 … 大さじ½

A｜水 … 100mℓ
　｜グラニュー糖 … 50g

アールグレイティーバッグ … 2パック（4g）

お好みの液体（牛乳、水、炭酸水など）
　… 大さじ2〜

作り方

1 小鍋にAを入れて中火にかけ、沸とうした
　ら火を止め、ティーバッグを加えてグラ
　ニュー糖が溶けるまで混ぜ、粗熱をとる。

2 冷凍用保存袋にいちご、フルーツトマト、
　レモン汁、1を入れ、袋の空気を抜いて口
　を閉じる@。手で軽く揉み混ぜ⑥、平らに
　ならしてバットにのせて©冷凍する。

3 ¼量を割って取り出し、お好みの液体（写
　真は牛乳）を加えて混ぜる。

旬をギュッと
とじこめた甘美な味

2色のキウイフルーツで、甘味と酸味のバランスが◎

キウイとミントのレモンスープ

材料 [約4食分]

キウイフルーツ（グリーン／1cm厚さの
　　いちょう切り）… 2個分
キウイフルーツ（ゴールド／1cm厚さの
　　いちょう切り）… 1個分
ミント（ちぎる）… 10g
レモン汁 … 大さじ1
A｜ 水 … 50㎖
　｜ グラニュー糖 … 50g
お好みの液体（炭酸水、水、
　　ジンジャーエールなど）… 大さじ2〜

作り方

1　耐熱ボウルにAを入れてラップをかけ、
　　電子レンジで1分30秒加熱する。混ぜ
　　てグラニュー糖を溶かし、粗熱をとる。
2　冷凍用保存袋にキウイフルーツ、ミント、
　　レモン汁、1を入れ、袋の空気を抜いて
　　口を閉じ、手で軽く揉み混ぜ、平らにな
　　らしてバットにのせて冷凍する。
3　¼量を割って取り出し、お好みの液体
　　（写真は炭酸水）を加えて混ぜる。

すいかとオレンジのジンジャー甘酒スープ

材料［約4食分］

すいか（種を取り除いて1.5cm角に切る）
　… 正味150g
オレンジ（実を袋から出して1.5cm幅に切る）
　… 1個分（正味90g）
A｜ 甘酒 … 150mℓ
　｜ しょうが（せん切り）… 1かけ分
　｜ 八角（3〜4等分に割る）… 1個分
お好みの液体（ココナッツミルク、牛乳など）
　… 大さじ2〜

作り方

1　冷凍用保存袋にすいか、オレンジ、
　Aを入れ、袋の空気を抜いて口を閉
　じ、手で軽く揉み混ぜ、平らになら
　してバットにのせて冷凍する。

2　¼量を割って取り出し、お好みの液
　体（写真はココナッツミルク）を加え
　て混ぜる。

甘酒を使って
ほのかな甘味と深みをプラス！

123

メロンとぶどうのカルダモンスープ

材料［約4食分］

メロン（1.5cm角に切る）
　… ¼個分（正味200g）
ぶどう（4等分にして種を取り除く）… 100g
りんご酢 … 大さじ2

A｜水 … 50mℓ
　｜グラニュー糖 … 50g
　｜カルダモン（軽く潰す）… 6粒

お好みの液体（ジャスミンティー、
　炭酸水、水など）… 大さじ2〜

デザートスープに
少し特別な
スパイスを効かせて、

作り方

1　小鍋に**A**を入れて中火にかけ、沸とうしたら弱火にして1分ほど煮て火を止める。グラニュー糖が溶けるまで混ぜ、粗熱をとる。

2　冷凍用保存袋にメロン、ぶどう、りんご酢、*1*を入れ、袋の空気を抜いて口を閉じ、手で軽く揉み混ぜ、平らにならしてバットにのせて冷凍する。

3　¼量を割って取り出し、お好みの液体（写真はジャスミンティー）を加えて混ぜる。

グレープフルーツとパイナップルの
サングリアスープ

材料 ［約4食分］

グレープフルーツ（1.5㎝角に切る）
　… 1個分（正味200g）

パイナップル（1.5㎝角に切る）… 正味100g

レモン汁 … 小さじ2

A｜ 白ワイン … 100㎖
　　 グラニュー糖 … 50g
　　 シナモンスティック … 1本

お好みの液体（ジンジャーエール、
　　オレンジジュース、水など）… 大さじ2〜

作り方

1. 小鍋にAを入れて中火にかけ、沸とうしたら弱火にして1分ほど煮て火を止める。グラニュー糖が溶けるまで混ぜ、粗熱をとる。

2. 冷凍用保存袋にグレープフルーツ、パイナップル、レモン汁、1を入れ、袋の空気を抜いて口を閉じ、手で軽く揉み混ぜ、平らにならしてバットにのせて冷凍する。

3. ¼量を割って取り出し、お好みの液体（写真はジンジャーエール）を加えて混ぜる。

シャリシャリとした
シャーベット感がたまらない！

髙山かづえ

料理研究家、ワインソムリエ。10代のころから料理雑誌を愛読し、料理を楽しむ学生生活を送る。大学卒業後に一般企業での勤務を経て、生活情報誌の試作スタッフに。会社のキッチンでレシピを試作する日々を送る。簡単でおいしい家庭料理を伝えたいという思いから、料理家・川津幸子氏に師事し、2012年に独立。以来、雑誌や書籍、Web、広告などさまざまな媒体にレシピを提供。見た目はシンプルだが一口食べるとクセになる、奥深い味わいの料理を得意としている。

レンジでかんたん、体ととのう
スープの冷凍ストック＆アレンジ

2023年9月25日　初版第1刷発行

著者　　髙山かづえ
発行者　角竹輝紀
発行所　株式会社マイナビ出版
〒101-0003 東京都千代田区一ツ橋 2-6-3　一ツ橋ビル 2F
tel.0480-38-6872（注文専用ダイヤル）　tel.03-3556-2731（販売部）　tel.03-3556-2735（編集部）
MAIL: pc-books@mynavi.jp　URL: https://book.mynavi.jp

—— Staff

撮影／宮濱祐美子
スタイリング／中里真理子
デザイン／高橋 良［chorus］
DTP／富 宗治
調理アシスタント／小野翠
編集／丸山みき、樫村悠香、
　　　永野廣美［SORA企画］
企画・編集／野村律絵［マイナビ出版］
校正／鴎来堂
印刷・製本／シナノ印刷株式会社